www.ingramcontent.com/pod-product-compliance
Lightning Source LLC
LaVergne TN
LVHW010406070526
838199LV00065B/5905
9789358725759

غم غلط

(طنزیہ مزاحیہ کلام)

شوکت تھانوی

© Taemeer Publications LLC
Gham Ghalat *(Funny and Satirical Poems)*
by: Shaukat Thanvi
Edition: October '2024
Publisher :
Taemeer Publications LLC (Michigan, USA / Hyderabad, India)

ISBN 978-93-5872-575-9

مصنف یا ناشر کی پیشگی اجازت کے بغیر اس کتاب کا کوئی بھی حصہ کسی بھی شکل میں بشمول ویب سائٹ پر اَپ لوڈنگ کے لیے استعمال نہ کیا جائے۔ نیز اس کتاب پر کسی بھی قسم کے تنازع کو نمٹانے کا اختیار صرف حیدرآباد (تلنگانہ) کی عدلیہ کو ہو گا۔

©تعمیر پبلی کیشنز

کتاب	:	**غم غلط** (طنزیہ مزاحیہ کلام)
مصنف	:	**شوکت تھانوی**
صنف	:	شاعری
ناشر	:	تعمیر پبلی کیشنز (حیدرآباد، انڈیا)
سالِ اشاعت	:	۲۰۲۴ء
صفحات	:	۹۶
سرورق ڈیزائن	:	تعمیر ویب ڈیزائن

اعمال نامہ

انتساب	۶	کراچی کی بسیں	۲۱
شاعر	۷	چنانچہ	۲۵
شریک زندگی	۸	خواب آزادی	۲۶
نورجہاں تک پہنچے	۱۱	شگوفے	۲۹
فلمی گیت کا نمونہ	۱۲	الوداع	۳۱
ہم جہاں ہیں	۱۳	ظالم تری مونچھوں میں	۳۲
فیملی پلاننگ	۱۴	شاعر کی بیوی	۳۳
مومن	۱۷	چیچک نامہ	۳۷
حنیف محمد کا سہرا	۱۸	غالب اور وہی	۳۸
مستزاد	۲۰	مری	۴۰

۷۰	مُردوں کی حمایت میں	۴۳	نہ وہ دیکھتے ہیں نہ ہم دیکھتے ہیں
۷۲	مسدسِ شوکت	۴۴	احتیاط
۷۲	قوّالی	۴۵	فرمان وزارت مآب
۷۳	فاقہ مستی	۴۶	مدوجزرِ صحافت
۷۳	کہہ لیجیے	۵۱	یا علی برباد مہو جائے
۷۴	ایک زبان	۵۲	لپٹن کی چائے
۷۴	بے روزگار شماری	۵۴-۵۶	چار چاند ۔ چار سہرے
۷۴	طوفان	۵۷	غالب سے معذرت
۷۴	طوفان بیداری	۵۹	عذاب النار
۷۵	ہڑتال	۶۲	الفت کا ترجمہ
۷۵	وضع داری	۶۳	دانۂ گندم
۷۵	پاندان محبت	۶۷	عائلی قانون
۷۶	کلام بلاغت نظام	۶۹	کمال کی ٹوپی

قلم قتلے ... ۸۵

[جانِ جاناں، خانِ خاناں، آرزو، پری اور پرا، تقلید، تردید، چار عناصر، مارشل لا، نوٹّے، فاقہ، تاج محلی، بھابی و نند، حسن طلب، بہار اپنا اپنا شوق، رشوت، شکر کی قلت]

پر پرزے ۸۶ ۔۔۔ ۹۴

[پہلو گٹھی کا شعر، دوسرا شعر، احساسِ کمتری، حسنِ بے پروا، تقبیحِ خیال، مشورۂ اندریاہر، ایک سا انجام نسخہ، پولیس، معصومیت، وہی، ترقی، جانثاری، تسلیم، تشریح حسرت، میچ پوچ، فلسفہ، سایاں، یا للعجب، سبے لگاّم دعا، کاش، کتبہ، بے بسی، لیلیٰ مجنوں، سبقت، قریب ضربُ المثل، آخری شعر]

شوشے ۹۵ ۔۔۔ ۹۶

[خود اعتمادی، ہم سفر سے، مصالحت، قدرداں اشتراک منبر و لاؤڈ سپیکر، ئی زبان، کراچی کا جاڑا، رواداری]

انتساب

زقدر و شوکتِ بیگم نہ گشت چیزے کم
کلاہ گوشۂ شوہر بآفتاب رسید

وہ غریب شوہر جو اپنی بعوض پندرہ ہزار سکۂ رائج الوقت — حاصل کی ہوئی بیوی کا مہر اس زندگی میں ادا نہ کر سکتا ہو اس کو چاہیے کہ میری طرح بیگم کی خدمت میں رشوت پیش کرتا رہے جس طرح میں منسوب کرتا ہوں اس مجموعے کو شوکت دلہن کے نام نامی اسم گرامی سے۔

دعا گوئے دولت و اقبال
شوکت

ہر راہ گزر پہ ہر قدم پر شاعر

آقا ہی نہیں گھر کا ہے نوکر شاعر

اللہ رے شعر و شاعری کی بہتات

بیوی شاعر ہیں اور شوہر شاعر

شریکِ زندگی

اے شریکِ زندگی اے زندگی بھر کے عذاب
آہ ہم دونوں کی وہ الفت ہوئی جو کامیاب
عقد وہ جس نے محبت کو کیا خانہ خراب
زندگی کی ہر مسرت رہ گئی ہے بن کے خواب
طالب و مطلوب دونوں صاحبِ اولاد ہیں
یعنی اپنے حق میں ہم خود ہی ستم ایجاد ہیں

ہفت روزہ آئینہ نئی دہلی ۳۰ رمئی ۶۵۵

کیا ہوا وہ دورِ حسرت اور وہ ارمانوں کے دن
وہ ڈراما ئی حسیں راتیں وہ افسانوں کے دن
نغمہ ہائے عشق کی وہ بے سُری تانوں کے دن
تیری فرقت میں لتا کے عشقیہ گانوں کے دن

تو تصوّر میں ہزاروں رنگ سے جلوہ فگن

اودے اودے نیلے نیلے پیلے پیلے پیرہن

کب کھلے دروازہ تیرے در کا بس یہ انتظار
تیرا آنچل ہی نظر آجائے تو آئے قرار
اپنے دروازے پہ بیٹھک میں ترا اُمّید وار
جیسے کوئی صبر والا کھیلے مچھلی کا شکار

دفعتاً چلمن ہلی اور دل کی دھڑکن بڑھ گئی

آنکھ سے اُچھلی نظر زینے پہ تیرے چڑھ گئی

اور ادھر بیتاب رکھتی تھی تجھے دل کی لگی
تو کبھی روزن میں تھی، چلمن کے پیچھے تھی کبھی
جو بڑے بوڑھے تھے تیرے وہ نہ تھے بالکل غبی
خاص کر والد ترے سلجھے ہوئے تھے آدمی

ایک دن بولے کہ برخوردار سچ کہتے ہیں ہم
"عشق سے پیدا نوائے زندگی میں زیر و بم"

مختصر یہ ہے کہ شادی ہوگئی پائی مراد
چونکہ پاکستان کے ہم ہیں لہٰذا زندہ باد
اب جو دیکھا زندگی کو نہ نظر آئی جہاد
عشق اپنا اس قدر سمٹا کہ اب ہے ایک یاد

عاشق و معشوق ہیں اور کثرتِ اولاد ہے
اے شریکِ زندگی شادی بڑی افتاد ہے

شعر کوئی نہ خبردار زباں تک پہنچے
لحن جب تک نہ ترا نورِ جہاں تک پہنچے

مجھ کو سمجھا کے وہ ان کے بھی مکاں تک پہنچے
حوصلے ناصحِ مشفق کے یہاں تک پہنچے

لے کے پیغام ترا ہم تری ماں تک پہنچے
حضرتِ عشق ہمیں لے کے کہاں تک پہنچے

میرے رونے پہ ہنسی آنے لگی ہے ان کو
للہ الحمد کہ آخر وہ یہاں تک پہنچے

ہائے اس جانِ جہاں کی یہ ضعیفی توبہ
آہ! اس باغ کا عالم جو خزاں تک پہنچے

تیرا انکار رہی فی الحال غنیمت ہے بہت
دیکھنا ہے کہ نہیں کب تری ہاں تک پہنچے

○

بشکریہ احمد جمال پاشا صاحب

فلمی گیت کا نمونہ

لمبی چوڑی سڑکوں پر

ہاں پر، ہاں پر

میرا تانگہ فرفر جائے

میرا تانگہ فرفر جائے　　میرا گھوڑا ہنہنائے

دُم لہرائے　　چال دکھائے

لمبی چوڑی سڑکوں پر　ہاں پر ہاں پر　میرا تانگہ فرفر جائے

پھول سی ہلکی پھلکی سواری　　میں واری

ہم جہاں ہیں

ناظم آباد میں جو رہتے ہیں
عافیت ان کے گھر نہیں آتی

مچھروں اور مکھیوں کے سوا
کوئی شے وقت پر نہیں آتی

دن کو بجلی تو رات کو پانی
شرم ہم کو مگر نہیں آتی

مجھ سے کھٹمل سوال کرتے ہیں
نیند کیوں رات بھر نہیں آتی

گرد جب گرمیوں میں اڑتی ہے
کوئی صورت نظر نہیں آتی

گندگی کی ہوئی ہے عادی ناک
بو بھی اے چارہ گر نہیں آتی

ٹیکس لگنے کی آ رہی ہے خبر
اور کوئی خبر نہیں آتی

پہلے آتی تھی وعدوں پر بھی ہنسی
اب کسی بات پر نہیں آتی

ہے یہ بستی امیدواروں کی
کوئی امید بر نہیں آتی

ہم وہاں ہیں جہاں سے ہم کو بھی
کچھ ہماری خبر نہیں آتی

فیملی پلاننگ

اے مرے بچے! مرے لختِ جگر! پیدا نہ ہو
یا در کھ پچھتائے گا تو میرے گھر پیدا نہ ہو
تجھ کو پیدائش کا حق تو ہے مگر پیدا نہ ہو
میں ترا احسان مانوں گا اگر پیدا نہ ہو
اے مرے بچے! مرے لختِ جگر! پیدا نہ ہو

ماہنامہ نئی لکیر۔ ہندی ڈائجسٹ رامپور

ہم نے یہ مانا کہ پیدا ہو گیا کھائے گا کیا؟
گھر میں دانے ہی نہ پائے گا تو بھنوائے گا کیا؟
اس نکھٹو باپ سے مانگے گا کیا؟ پائے گا کیا؟
دیکھ کہنا مان لے جانِ پدر، پیدا نہ ہو
اے مرے بچے! مرے لختِ جگر پیدا نہ ہو

یونہی تیرے بھائی بہنوں کی ہے گھر میں ریل پیل
بلبلاتے پھر رہے ہیں ہر طرف جو بے نکیل
میرے گھر کے ان چراغوں کو میسر کب ہے تیل
بجھ کے رہ جائے گا تو بھی بھول کر پیدا نہ ہو
اے مرے بچے! مرے لختِ جگر! پیدا نہ ہو

پالتے ہیں ناز سے کچھ لوگ کتّے ، بلیاں
دودھ وہ جتنا پئیں ، اور کھائیں جتنی روٹیاں
یہ فراغت اے مرے بچّے مجھے حاصل کہاں ؟
ان کے گھر پیدا ہو اور بن کر لیٹر پیدا نہ ہو
اے مرے بچے! مرے لختِ جگر ! پیدا نہ ہو

یوں ہی میں کپتان ہوں، اولاد کی ہے پوری ٹیم
مفلسی میں ہو رہی ہے اور بھی حالت سقیم
اپنے زندہ باپ کا کہلائے گا تو بھی یتیم
بخش دے مجھ کو مرے نورِ نظر! پیدا نہ ہو
اے مرے بچے! مرے لختِ جگر! پیدا نہ ہو

مومن

(اقبال سے معذرت کے ساتھ)

دُنیا میں:

کمزور مقابل ہو تو فولاد ہے مومن
انگریز ہو سر کار تو اولادہے مومن
قہّاری و غفّاری و قدّوسی و جبروت
اس قسم کی ہر قید سے آزاد ہے مومن
ہو جنگ کا میدان تو اک طفلِ دبستاں
کالج میں اگر ہے تو پری زاد ہے مومن

جنّت میں:

شکوہ ہے فرشتوں کو کم آمیز ہے مومن
حوروں کو شکایت کہ بہت تیز ہے مومن

اسکالر علی گڑھ پیروڈی نمبر

سہرا

(مشہور کرکٹ کھلاڑی حنیف محمد کی شادی پر)

باؤنڈری مار کے بندھواتے تھے سر پر سہرا
اب چلے گا یہ پتہ بندھنا ہے کیوں کر سہرا
رن بنانے کے لیے دوڑ نہ جائیں یہ کہیں
باندھیے سر پہ تو اس شخص کے کس کر سہرا
"سنچری بیٹ" تو بیشک ہے ہمارا دولھا
اب نئے کھیل کے دیکھے گا یہ جوہر سہرا

ماہنامہ کتاب لکھنؤ۔ شوکت نمبر

چھکے چھوٹیں نہ کہیں چھکے لگائے تو بہت
سونپ دے تم کو نہ اولاد کا لشکر سہرا

یہ کرکٹ کی نہیں شادی کی ہے پچ ہے حضرت
اب ذرا باندھیے اس پر بھی توجہ کر سہرا

اب بندھے بیٹھے ہیں سسرال میں سہرے سے حنیف
اور اسکور میں ہے آپ کے گز بھر سہرا

اپنی ہر ایک سہیلی سے یہ کہتی ہے عروس
کھینچ کر لاؤ کہ باندھیں مرے شوہر سہرا

سیکڑوں رن ہیں وہی مہر میں لکھوا دیں گے
اور خود اپنا بنا لیں گے مقدر سہرا

داد دی میں نے بھی دولھا کو جو دیکھا شوکت
"ویل ڈن" باندھ لیا تو نے بھی سر پر سہرا

○

مستزاد

تعلیم میں بھی قیس کی کچھ پیش نہ آئی
اور مُنہ ہی کی کھائی
دو چار قدم آگے ہی لیلیٰ نظر آئی
اُلفت کی دہائی

وہ پاس ہو یہ فیل ہوں کیا کم یہ شرف ہے
دل اس پہ ہدف ہے
وحشت مگر اب قیس کے سر میں یہ سمائی
کیسے ہو سگائی

کراچی کی بسیں

دل رُبا اے نازنینو! اے کراچی کی بسو!
تم پہ صدقے ہو کے ہم مر جائیں، لیکن تم جیو
کج روی بھولے فلک، اب چال تم ایسی چلو
ہم تو خود ہی چل بسیں گے، تم مگر چلتی رہو

تم پہ ہم عشاق کا چلتا نہیں جب کوئی بس
بیٹھ کر پڑھتے ہیں ہم "اللہ بس باقی ہوس"

نقوش شوکت نمبر ۳۳۲

کاش اپنے عشق کے ماروں کا کریں تم شمار
جو ہر اک اڈّے پہ لٹکے ہیں قطار اندر قطار
اپنے پہلو میں دبائے اک دلِ بے اختیار
اور نظروں سے گرائے زندگی کا اعتبار

اس قدر لمبی قطار اور زندگانی مختصر
گھر پہنچنے سے تو ہے آسان دُنیا سے سفر

اور اگر گھُل مل کے ہو جائیں کبھی ہم باریاب
گھر پہنچنے کی دُعا گڑبڑ میں ہو کر مُستجاب
شرم سے شائستگی، گرمی سے ہم ہوں آب آب
زندہ باد اس بس کے اندر آئیں دیکھیں انقلاب

دیکھنا چاہیں اُسے گردن میں بانہیں جھکی ہیں!
جسم تو اپنا ہے لیکن اس میں ٹانگیں کس کی ہیں؟

مُنڈھ گئے ہیں ہم کسی کے سر کوئی ہم پر سوار
ہو جو کھجلی ہم نشیں کو، ہم کھجائیں بار بار
مہرِ لب پر ہو، نہیں کانوں سے بیشک تو دکار
یاد بس کرتے رہیں اپنی لحد کا ہم فشار

تا بخانہ اس طرح خانہ خرابی لے چلے

لڑکھڑاتا جس طرح بوتل شرابی لے چلے

سامنے درجہ میں بیٹھی میری بیٹر ہاف ہے
جس جگہ میں پھنس گیا ہوں وہ مگر اعراف ہے
ہم نشینو! تم سے دل اب طالبِ انصاف ہے
جیب کو میں نے ٹٹولا ہے تو مطلع صاف ہے

ہار کر کے پار کرنے والا بٹوہ لے گیا

اور کنڈکٹر یہ کہتا ہے "کرایہ کر ادا!"

ہو کے چکنا چور اُترے بس سے باحالِ خراب
جیسے بندر نوچ کر پھینکے منڈیری سے کتاب
اس زبوں حالی پہ بھی خوش ہیں کہ ہم ہیں کامیاب
مل گئی ہے گھر کی جنت جھیل کر یوم الحساب

رات بھر یہ بس رہے گی ذہن پر اپنے سوار
صبحدم ہم پھر وہی ہوں گے، وہی اپنی قطار

○

چنانچہ

میں ہوں اُن کا، ہوں ان کے در پہ چنانچہ
ہے دشمن مرا، ان کا گھر بھر چنانچہ

نگاہِ کرم غیر پر اب ہے اُن کی
میں اب گول کرتا ہوں بستر چنانچہ

جو بدلی وزارت تو پھر کیا کروں گا
میں بنتا نہیں ہوں منسٹر چنانچہ

جھکا دی تھی گردن یونہی میں نے رسماً
وہ سچ مچ اٹھا لائے خنجر چنانچہ

وہ تھا سنگ دل اس کو سمجھا نہ میں نے
پڑے عقل پر میری پتھر چنانچہ

○

ماہنامہ کتاب لکھنؤ شوکت نمبر

خوابِ آزادی

اپنی آزادی کا دیکھا خواب میں نے رات کو
یاد کرتا ہوں میں اپنے خواب کی ہر بات کو
میں نے یہ دیکھا کہ میں ہر قید سے آزاد ہوں
یہ ہوا محسوس جیسے خود میں زندہ باد ہوں
اب مجھے قانون کا ڈر کیا، مرا قانون ہے
خود ہی کوزہ، خود ہی کوزہ گر وہی مضمون ہے

بشکریہ احمد جمال پاشا صاحب

جتنی تھیں پابندیاں، وہ خود مری پابند ہیں
وہ جو "نائی باپ" تھے حاکم، وہ سب فرزند ہیں

ملک اپنا، قوم اپنی، اور سب اپنے غلام
آج کرنا ہے مجھے آزادیوں کا احترام

جس جگہ لکھا ہے "مت تھوکو" ہیں تھوکوں گا ضرور
اب سزاوار سزا ہوگا نہ کوئی بھی قصور

اک ٹریفک کے پولس والے کی کب ہے یہ مجال
وہ مجھے روکے میں رک جاؤں یہ ہے خواب و خیال

میری سڑکیں ہیں تو میں جس طرح سے چاہوں چلوں
جس جگہ چاہوں رکوں اور جس جگہ چاہوں مڑوں

سائکل میں رات کو لائٹ جلاؤں کس لیے
ناز اس قانون کا آخر اٹھاؤں کس لیے

ریل اپنی ہے تو آخر کیوں ٹکٹ لیتا پھروں
کوئی تو سمجھائے مجھ کو یہ تکلف کیوں کروں

کیوں نہ رشوت لوں کہ جب حاکم ہوں میں سرکار ہوں
تھانوی ہرگز نہیں ہوں اب میں تھانیدار ہوں

چور بازاری کروں یا شاہ بازاری کروں
مجھ کو حق ہے جس طرح چاہوں میں اپنا گھر بھروں

گھی میں چربی کے ملانے کی ہے آزادی مجھے
اب ڈرا سکتی نہیں گاہک کی بربادی مجھے

میں ستم گر ہوں، ستم پیشہ، ستم ایجاد ہوں
مجھ کو یہ سب حق پہنچتے ہیں کہ میں آزاد ہوں

یک بیک جب نیند سے چونکا تو دیکھا: یہ حقیر
اپنی آزادی کی سب پابندیوں کا ہے اسیر

شگوفے

[رائٹرز کنونیشن کے آخری اجلاس میں چند پرزے گشت کرتے ہوئے نظر آئے۔ تحقیقات کی تو معلوم ہوا کہ شوکت اپنے تاثرات فی البدیہہ نظم کر کے احباب تک پہنچا رہے ہیں۔ یہ پرزے جگر لخت لخت کی طرح جمع کر لیے گئے تاکہ اس دل حبیب پہلو کو یادر کھا جاسکے]

جاوید اقبال

مجھے پلا آ ملا ہے جس میں پر ہے — خداوندا مجھے نور نظر دے
کہ اس کے واسطے تجھ سے کہوں میں — کہ اس شاہیں بچے کو بال و پر دے

صدارتی عطیہ

جناب صدر کی آئی سواری — ہوا کنونیشن پر فضل باری
صدارت جاہ نے اعلان کر کے — کیا کنونیشن کو دس ہزاری

ماہنامہ افکار کراچی

بابائے اُردو

زبانِ مادری کیوں کرہوا اُردو کہ قسمت سے ملے بابائے اُردو
بڑی مظلوم ہے بے ماں کی بچّی نہ اس کو مل سکی مامائے اُردو

اُردو کے ابّا

نہیں داڑھی پہ ان کے کوئی دھبّا بڑے شفّاف ہیں اردو کے ابّا

"ور" یا "پر"

آپ کہتے ہیں ان کو "دانش ور" پر لگا کر بنے جو "دانش پر"

○

الوداع

چور بازاری، گرانی، الوداع
دودھ میں اے نل کے پانی، الوداع

گھی کے اندر موبل آئیل، الفراق
تیری معدوں میں روانی، الوداع

اب کہاں مکھن پہ مرہم کا گماں
اے گمانِ بد گمانی، الوداع

اے پسی اینٹو نہیں مرچوں میں تم
تم نے بھی رحلت کی ٹھانی، الوداع

اے انیس بیکساں آٹے کی ریت
ہو گئی تو بھی کہانی، الوداع

الفراق اے شورہ پشتی، الفراق
غنڈہ گردی آنجہانی، الوداع

کیسی بے بس ہو گئی کنڈکٹری
ہائے وہ چنگیز خانی، الوداع

دم بخود ہیں ٹیکسی والے سب کے سب
اف وہ ان کی بد زبانی، الوداع

اب صفائی خود ہمارا فرض ہے
الوداع اے مہترانی، الوداع

سچ تو یہ ہے جسکی لاٹھی اس کی بھینس
الوداع اے من کی مانی الوداع

نقوش شوکت نمبر ۳۳۴

غم غلط (طنزیہ مزاحیہ شاعری)   32   شوکت تھانوی

ظالم تری مونچھوں میں تقدیر کے چکّر ہیں

میں رائی کا اک دانہ، یہ بت وہ سراسر ہیں
میں اس سے بھی کمتر ہوں، وہ اس سے بھی بڑھ کر ہیں

یہ خوبیٔ قسمت ہے، یہ جذبِ محبّت ہے
راضی جو نہ ہوتے تھے اب خود وہ مرے سر ہیں

مونچھیں ہیں تری ظالم یا دل کے لئے نشتر
قاتل نہ کہوں کیونکر، کچھ ایسے ہی تیور ہیں

بوتل تری مدہوشی میں خوب سمجھتی ہوں
تو ان کے لیے بوتل، اور وہ ترے ساغر ہیں

شوکت کے مشہور مزاحیہ ناول خدانخواستہ کا موضوع ہے عورتوں کی حکومت۔ اس ناول میں ایک مشاعرے کا مصرع طرح قصّے کی رعایت سے "ظالم تری مونچھوں میں تقدیر کے چکر ہیں" رکھا گیا ہے۔ ناول کی ایک شاعرہ کردار کی زبانی شوکت نے یہ غزل کہلوائی ہے۔

شاعر کی بیوی

شاعری اور پیٹ کا دھندا، عجب ثم عجب!!
جان کے گاہک ہیں بیوی اور بچے سب کے سب
فاعلاتن فاعلاتن بیٹھ کر کرتے ہیں جب
اہلیہ کو یاد آتی ہے ہماری بے سبب
اک سروتا ہاتھ میں اور پاندان اپنا لیے
سر پہ آجاتی ہیں لڑنے خاندان اپنا لیے

نقوش شوکت نمبر، ۳۲

ایک لڑکا جس کو پچھلے چار دن سے ہے بخار
ایک لڑکی جس کی آنکھیں دُکھ چکی ہیں بار بار
تیسرا جو ٹھیک ہے وہ رو رہا ہے نابکار
شامتِ اعمال کی ہر قسم ہے سر پہ سوار

شاعرِ شیریں بیاں بیٹھا ہے گھبرایا ہوا
ذہن میں ہے طرح کا مصرع بھی بوکھلایا ہوا

وہ یہ کہتی ہیں کہ جائے بھاڑ میں یہ شاعری
ایڑی چوٹی پر کروں قربان یہ کاریگری
اتنے دن سے کوئی بھی پیسہ ملا سوچو ذری
یاد کر لو خود دسمبر، جنوری، پھر فروری

تم ہی سوچو کس طرح ہوگا ہمارا اب نباہ؟
مجھ کو روٹی چاہیے، اور تم کو خالی واہ واہ

میں یہ کہتا ہوں کہ اے شمعِ شبستانِ حرم!
تو ہے اک شاعر کی بیوی، کیا ہے یہ اعزاز کم؟
تجھ کو کیا معلوم میرا مرتبہ، میرا حَشَم
گھر کے باہر دیکھ چل کر کس قدر ہوں محترم

تو سمجھتی ہے مجھے، یوں ہی سا اک انسان ہوں
اے مری نادان بیوی! میں ادب کی جان ہوں

جان وہ اپنی جلا کر منہ چڑھاتی ہیں مجھے
منہ چڑھا کر میرا آئینہ دکھاتی ہیں مجھے
گھر کی جو حالت ہے وہ سب کچھ بتاتی ہیں مجھے
شرم میری شاعری پر پھر دلاتی ہیں مجھے

وہ یہ کہتی ہیں کہ شاعر تو یقیناً آپ ہیں
لیکن ان بچوں کے بھی تھوڑے بہت تو باپ ہیں

شاعری کرتے ہیں اور بھولے ہوئے ہیں شوہری
کوئی دھندا بھی نہیں کرتے، نہ کوئی نوکری
باپ دادا کی کمائی بھی نہیں گھر میں دھری
میں تو پلّے بندھ کے اک شاعر کے جیتے جی مری

یہ نحوست شاعری جس کلموہی کا نام ہے
مجھ سے پوچھو یہ نکھٹّو مردوؤں کا کام ہے

ہیں گئی چڑھے ہیں، حُلیہ دیکھیے اپنا ذرا
جیسے خودرَو گھاس ہو، خط اس طرح سے ہے بڑھا
جیسے اِک قیدی جو کاٹے کوئی لمبی سی سزا
مرحبا! اے شاعرِ رنگیں بیاں صد مرحبا!

بھاڑ میں جائے یہ تیری شاعری، یہ تیرا فن !
تو اگر میرا نہیں بنتا، نہ بن، اپنا تو بن !

چیچک نامہ

خط میں لکھے ہوئے چیچک کے پیام آتے ہیں
کس قیامت کے یہ نامے مرے نام آتے ہیں

○

نامے کو کھولیے گا ذرا دیکھ بھال کے
چیچک کا ٹیکہ رکھا ہے اس میں سنبھال کے

○

آیا آیا پاکستانی بھاگیں سارے لوگ
اوپر اوپر اچھا خاصا، اندر چیچک روگ

○

پاکستان میں چیچک کی وبا ایک سال زور شور پر تھی یہ اشعار اسی موقع پر کہے گئے تھے۔ نقوش شوکت نمبر
۱۲۶-۱۲۷

غالب اور وہی

"یہ نہ تھی ہماری قسمت، جو وصالِ یار ہوتا"
شبِ وعدہ آ بھی جاتی تو ہمیں بخار ہوتا

تجھے ہم ازل سے جھوٹا مری جان جانتے تھے
"کہ خوشی سے مر نہ جاتے، اگر اعتبار ہوتا"

"تری نازکی سے جانا کہ بندھا تھا عہد بودا"
ترے ہاتھ ٹوٹ جاتے جو وہ پائیدار ہوتا

یہ خلش تو اس لیے ہے کہ جگر کے اِس طرف ہے
"یہ خلش کہاں سے ہوتی جو جگر کے پار ہوتا"

ایک زمانے میں شوکت تھانوی نے وہی وہانوی کے نام سے بھی گل کھلائے ہیں۔ غالب کی غزل کی درگت اسی دور کی یادگار ہے۔ (نقوش شوکت نمبر ۲۸۰)

"یہ کہاں کی دوستی ہے کہ بنے ہیں دوست ناصح"
اور اگر بنا تھا ناصح تو وہ تھا نیدار ہوتا

میں مرا تو بھوت بن کر رہا پیپلوں پہ برسوں
"مجھے کیا بُرا تھا مرنا اگر ایک بار ہوتا"

یہ شرر جو آج کل ہے یہی غم کی شکل پاتا
"جسے غم سمجھ رہے ہو وہ اگر شرار ہوتا"

اگر آگئی تھی شامت تو نجات کیسے ملتی!
"غمِ عشق گر نہ ہوتا، غمِ روزگار ہوتا"

ہم اگر مثال کچنر کہیں ڈوب ووب جاتے
"نہ کبھی جنازہ اٹھتا نہ کہیں مزار ہوتا"

وہ دو چار اس لیے ہے کہ دوئی کی بو نہیں ہے
"جو دوئی کی بو بھی ہوتی تو کہیں دو چار ہوتا"

"یہ مسائلِ تصوف، یہ ترا بیان غالب"
تجھے ہم وہی سمجھتے جو نہ بادہ خوار ہوتا

○

مری

اے مری اے گرمیوں میں اہلِ دولت کے وطن
اے چمن اندر چمن، اور اے چمن اوپر چمن!
اُف تری رعنائیاں، اللہ رے یہ بانک پن
جنّتِ کشمیر کی بیشک ہے تو چھوٹی بہن!
میں تو کہتا ہوں زمانے میں ترا ثانی بھی ہے؟

تجھ میں خوباں بھی بہت ہیں اور خوبانی بھی ہے

نقوش شوکت نمبر ۳۲۹

عاشقوں کی سرد آہیں تھوک ملتی ہیں یہاں
سرد مہری لینے آتے ہیں حسینانِ جہاں
سیکھتی ہیں آسماں سے ظلم تیری چوٹیاں
کجروی میں خود ہی ماہر ہیں تری پگڈنڈیاں

اہل دل کے واسطے المختصر تو موت ہے
بلکہ جنت تک یہ کہتی کہ میری سوت ہے

حُسن بھی گو حسن ہے، لیکن عجب مردانہ وار
وہ حسیں جو تھے سمندِ ناز کے گویا سوار
لے کے اب ٹٹو کرائے کے وہی سب گلعذار
کھیلتے پھرتے ہیں تیرے گوشہ گوشہ میں شکار

ایسا عالم نیرا ہوتا ہے مئی اور جون میں
بیبیاں بھی چلتی پھرتی ہیں یہاں پتلون میں

وہ حسینائیں قمیصوں میں جو ہوتی ہیں سلی
وہ ٹیڈی لوائز، جو صاحب تو ہیں لیکن پلپلی!
چال بے ڈھنگی، ادائیں بے تُکی، گڑبڑ دلی
اس جگہ کثرت سے ملتی ہے انہیں کی فیملی

یہ مری کے واسطے خود مستقل بھونچال ہیں
اے مری کی مال! تیرے سب یہی ترمال ہیں

زندگی ہی زندگی ہے نام ہے لیکن مری
خود ہی کوہ قاف ہے تو اور خود اس کی پری
مال پر اللہُ اکبر حُسن کی کاریگری
عشق پر طاری ہے جس کو دیکھ کر اک تھرتھری

یہ بناوٹ یہ سجاوٹ یہ نکھار اور یہ پھبن
اے مری اے گرمیوں میں اہلِ دولت کے وطن

○

محبت کے دم اور خم دیکھتے ہیں
ترے سر پہ اپنے قدم دیکھتے ہیں

ترے قدِ بالا پہ دیکھا تھا سر کو
اب حُقّے کے اوپر چلم دیکھتے ہیں

محبت میں کیا جانے کیا کر رہے ہیں
نہ وہ دیکھتے ہیں نہ ہم دیکھتے ہیں

میں نظروں میں اُن کی کرم ڈھونڈتا ہوں
مری جیب میں وہ رقم دیکھتے ہیں

بشکریہ احمد جمال پاشا

احتیاط

تانگہ!
تانگے پہ پردہ!
پردے میں بُرقع!
بُرقع میں مکھڑا، بیگم کا!

فرمانِ وازات مآب

لوگو! مجھے سلام کرو! میں وزیر ہوں
گردن کے ساتھ خود بھی جھکو! میں وزیر ہوں
گردن میں ہار ڈال دو میں جھک سکوں اگر
نعرے بھی کچھ بلند کرو! میں وزیر ہوں
تم ہاتھوں ہاتھ لو مجھے دورے پر آؤں جب
موٹر کے ساتھ ساتھ چلو! میں وزیر ہوں
لکھّے ہیں شاعروں نے قصائد مرے لیے
ایک آدھ نظم تم بھی کہو! میں وزیر ہوں

ماہنامہ کتاب لکھنؤ شوکت نمبر

جو مجھ سے کہنے آؤ خبردار مت ۔۔۔۔ کہو!
جو کچھ میں کہہ رہا ہوں سنو، میں وزیر ہوں
معذور ہوں میں اپنی وزارت سے بے طرح
تم طرح دار مجھ کو کہو میں وزیر ہوں
بے شک ہے برہمی سی مری گفتگو کے بیچ
لیکن اے ادب سے سنو، میں وزیر ہوں
میں وہ نہیں کہ یوسفِ بے کارواں پھروں
میرا جلوس لے کے چلو، میں وزیر ہوں
اخبار والو سوچ سمجھ کر کرو سوال
"جوں شیشہ میرے منہ نہ لگو" میں وزیر ہوں
مجھ سے قُرابتوں کو بس اب بھول جاؤ تم
اے میرے بھائی بند گدھو! میں وزیر ہوں
مجھ کو تو مل گئی ہے وزارت کی زندگی
مرتے ہو تم، تو جاؤ مرو، میں وزیر ہوں

O

مدوجزرِ صحافت

گھٹا سر پہ اخبار کی چھا رہی ہے
صحافت سماں اپنا دکھلا رہی ہے
کتابت پس و پیش منڈلا رہی ہے
چپ و راست سے یہ صدا آ رہی ہے

ابھی اور لکھیں حضور ایک کالم
ابھی سے نہ گائیں کہ آجا رے بالم

ماہنامہ کتاب لکھنؤ، شوکت نمبر

ابھی سے نہ اپنے کو لوری سنائیں
ابھی اور خبریں ذرا ترجمائیں
پئیں چائے خود اور سب کو پلائیں
کہ سب مل کے اک دوسرے کو جگائیں

نمٹنے کا جلدی اگر ہے ارادہ
تو خبریں ہوں کم سرخیاں ہوں زیادہ

خبر ڈھونڈیے وہ جو چھے کالمی ہو
کہیں جنگ تھوڑی بہت چھڑ گئی ہو
کہیں ریل گاڑی کی ٹکر ہوئی ہو
ہے مطلب کہ تھوڑی بہت سنسنی ہو

صحافت کا اعجاز کچھ تو دکھا دیں
کسی رائی کو آپ پربت بنا دیں

کہیں زلزلہ کوئی آیا ہی ہو گا
کسی نے کوئی شور اٹھایا ہی ہو گا
کسی نے تو زور آزمایا ہی ہو گا
کسی نے کسی کو ستایا ہی ہو گا

دکھا دیں اسی میں فسانہ طرازی
اسی کو تو کہتے ہیں اخبار سازی

کہیں کوئی ہنگامہ برپا ہوا ہو
مشاہیر عالم میں کوئی مرا ہو
کسی رہنما نے بیاں کچھ دیا ہو
ہے مطلب تو اس سے ہمارا بھلا ہو

کسی بات کا ہم بتنگڑ بنا دیں
اور اک موٹی تازی سی سرخی جما دیں

روانی قلم کی ذرا تو دکھائیں
کہ ہو ختم کام اور کاپی لگائیں
بڑی رات آئی ہے اب گھر کو جائیں
کہ جو سو چکے ہیں انھیں بھی جگائیں

گریں اپنے بستر پہ بے ہوش ہو کر
خبر سب کو دیں خود فراموش ہو کر

○

مئے گلرنگ بھی انگور کی دوشیزہ بیٹی ہے
اُڑا لے جو کوئی انگور کا داماد ہو جائے

یہ زلفوں کا گھنا جنگل ہے گیسو کا بیاباں ہے
جو ئیں پڑ جائیں تو سر بھی ترا آباد ہو جائے

ہیں وہ عاشق نہیں جو بیٹھ کے چپکے سے غم کھائے
مجھے تو جو ستائے یا علیؓ برباد ہو جائے

وہ چیخیں بھی تو دنیا جھوم جائے اُنکے نغموں پر
میں پکا راگ بھی چھیڑوں تو وہ فریاد ہو جائے

○

بشکریہ احمد جمال پاشا

لپٹن کی چائے

چائے کم بخت تونے پی ہی نہیں

○

تم نے بھیجی مجھ کو چائے تشکر ہے
دل کے کھولانے کی صورت ہو گئی

○

جو ڈوبے پرچ پیالی میں نہ نکلے زندگانی میں
ہزاروں بہہ گئے اس کیتلی کے گرم پانی میں

○

ارے بیرا، ذرا لپٹن کی چائے دم تو کر لانا
یہ دیسی چائے بالکل انگبیں معلوم ہوتی ہے

○

بحر مجسم ، نیلو فر ، بحر تبسم

سموسہ مرا خستہ بالائی نرم ہے
تم پی لو مرے دوستو کیا چائے بھی گرم ہے[1]

○

یہ اہتمام نہیں کفر چائے نوشی ہے
جو چائے ہو تو ضرورت نہیں پیالی کی[2]

○

اب تو ہم چائے خوب پیتے ہیں
عاقبت کی خبر خدا جانے[3]

○

---

1. بحر تبسم 2. بحر تبسم 3. بحر تبسم

چار چاند — چار سہرے

نظر آتا ہے کچھ اوقات سے باہر سہرا
پون گز دولہا کا دیکھے کوئی گز بھر سہرا
گھر میں اک باندھے ہوئے بیٹھی ہیں ئسرِ ور سہرا
دوسرا باندھے ہوئے آئے ہیں شوہر سہرا
بال بھی ہیں کہ چلے آئے حجامت کے لیے
باندھیے سر پہ ذرا سوچ سمجھ کر سہرا
ابھی بارات کا رُخ رُو کی طرف پھیرا جائے
دیکھ لے کوئی اگر رُخ سے ہٹا کر سہرا!

○

(۲)

شرما رہے ہیں دولھا گھونگھٹ ہیں چھپے دلہن
نجم الحسن کے سر ہے ان کی دلہن کا سہرا

ہیں عقل پر یہ پتھر یا سر پہ پھول ہیں یہ
بجو سے باندھ آئے تم کو ہرن کا سہرا

تو حسن کا ہے گاہک صورت تو دیکھ اپنی
اس چاند کے لیے ہے تجھ سے گہن کا سہرا

ہے جانگلوش دولھا، جنگل کا رہنے والا
گلشن کا کیا کرو گے منگواؤ بن کا سہرا

مسٹر کسے بنائیں اور کیوں بنائیں آخر
کس چال ڈھال کا ہے اور کس چلن کا سہرا

○

نقوش شوکت نمبر ۱۹۳-۱۹۴

(۳)

اس طرح باندھ کے آیا ترا شوہر سہرا
باندھے آتا ہے میں سمجھی کوئی بندر سہرا
بار برداری کا خچر ہے کہ یہ نوشہ ہے
سر پہ پگڑ ہے تو پگڑ کے ہے اوپر سہرا
آپ نے دیکھا نہ ہوگا کہیں چرخ دولھا
دیکھیے تو ذرا چہرے سے ہٹا کر سہرا [1]

(۴)

باندھے ہوئے جو آئے بچھن نواب سہرا
قسمت کو رو رہا ہے خانہ خراب سہرا
نوشاہ کون ہے اور کیا اس کے سر بندھا ہے
اُس کا جواب بچھن اِس کا جواب سہرا [2]

---

[1] دل پھینک ۱۰۵، ۱۰۶ [2] دل پھینک ۱۶۶ - ۱۶۷

غالب سے معذرت

منظور ہے گزارشِ احوالِ واقعی
اپنا بیانِ حسنِ طبیعت نہیں مجھے

کچھ شاعری ذریعۂ عزت نہ تھی اُنہیں
کچھ شرح لکھنا باعثِ عزت نہیں مجھے

آزادہ رَو ہوں اور مرا مسلک ہے صلحِ کل
غالب سے کیا کسی سے عداوت نہیں مجھے

میں شرح لکھ رہا ہوں شرف کچھ یہ کم نہیں
مانا اسد کا مرتبہ شوکت نہیں مجھے

غالب پہ اور مجھ کو ہو تنقید کا خیال
یہ تاب، یہ مجال، یہ طاقت نہیں مجھے

شوکت تھانوی نے غالب کے کلام کی مزاحیہ شرح لکھنا شروع کی تھی، یہ نظم اسی کا دیباچہ ہے۔
نقوش طنز شوکت نمبر

میرا مزاج آپ ہے جامِ جہاں نما
سوگند اور گواہ کی حاجت نہیں مجھے

میں اور شرح لکھتا! مگر اس سے مدعا
جز انبساطِ خاطرِ حضرت نہیں مجھے

یوں ہی سا اک مذاق تھا جو شرح بن گیا
دیکھا کہ چارہ غیر طباعت نہیں مجھے

اس میں جو آپڑی ہو سخن گسترانہ بات
مقصود اس سے ترکِ محبت نہیں مجھے

روئے سخن کسی کی طرف ہو تو روسیاہ
سودا نہیں، جنوں نہیں، وحشت نہیں مجھے

حرکت تو یہ بُری ہے یہ نیت بری نہیں
ہے شکر کی جگہ کہ شکایت نہیں مجھے

صادق ہوں اپنے قول کا شوکت خدا گواہ
سچ بولتا ہوں گو کہ یہ عادت نہیں مجھے

○

عذاب النار

نہ ہے نل میں پانی نہ بادل میں پانی
صراحی میں پانی نہ چھاگل میں پانی
پیو دام اب دے کے ہوٹل میں پانی
خریدو دکانوں سے بوتل میں پانی
سمندر سے پیاسے کو شبنم بہت ہے
ملے ڈیم سے کم ہمیں کم بہت ہے

ادھر ہم سے بارانِ رحمت خفا ہے
ادھر گھر کا ہر نل ہمیں ڈانٹتا ہے
گھڑے میں بھی جھانکا وہاں کیا دھرا ہے
گھڑونچی پہ شدّت سے سوکھا پڑا ہے

جو سقّے تھے سب گورکن بن گئے ہیں
جو ساقی تھے وہ راہ زن بن گئے ہیں

بگولہ بنی آب جو رفتہ رفتہ
تیمم ہوا ہے وضو رفتہ رفتہ
بڑھیں خشکیاں چار سو رفتہ رفتہ
لڑھکنے لگا ہر سبو رفتہ رفتہ

مریں بھی تو ممکن نہیں غسل میت
ہے جینا جو آفت تو مرنا مصیبت

کہاں اب وہ پانی کہ جس سے نہائیں
"ڈرائی کلیننگ" کب تک کرائیں
وہ شاور، وہ ٹب جو نہ سب بھول جائیں
ہے رہنا تو پنڈی کی سیکھیں ادائیں

نہائیں گے کیا ہم نچوڑیں گے کیا ہم
نہائے تو پینے کو چھوڑیں گے کیا ہم

پئیں کیا کہ خونِ جگر بھی تو کم ہے
میسر نہیں ہم کو وہ بھی ستم ہے
کہیں بھی نہیں اب لبوں پر ہی دم ہے
بس اک آنکھ ہی رہ گئی ہے جو نم ہے

یہ گرمی کی شدت یہ پانی کی قلت
پسینے کو اپنے سمجھیے غنیمت

غزل

مریضِ عشق ہوں یارب مری دوا کیا ہے
دوا تو خیر، یہ معلوم ہو غذا کیا ہے

چھپا رہے ہو محبت مگر خبر بھی ہے
ذخیرہ بازی کی اس عہد میں سزا کیا ہے

شبِ فراق کی گھڑیاں! ارے معاذ اللہ!
گھڑی گھڑی یہی پوچھا کیا بجا کیا ہے

ذرا سی شکل و شباہت پہ مار کھاتا ہوں
وگرنہ میرا اور ان کا مقابلہ کیا ہے

پڑھا لکھا نہ ہو محبوب تو مصیبت ہے
وہ پوچھتے ہیں کہ الفت کا ترجمہ کیا ہے

دانۂ گندم

حضرتِ آدمؑ پہ جو گزری ہے سب کو یاد ہے
دانۂ گندم کی زندہ آج تک بیداد ہے
آج پھر اولادِ آدم پر وہی افتاد ہے
اس کا بانی بھی فرشتوں کا وہی استاد ہے

دور دورہ آج اس کا چوربازاروں میں ہے
ماہرینِ چوربازاری کے خمخواروں میں ہے

مجلہ نقوش، شوکت نمبر ۳۴۰

اُن میں دیکھا اس کا جلوہ جو ذخیرہ باز ہیں
دفن تہہ خانوں میں جن کے بوریوں کے راز ہیں
بوریوں سے ملتے جلتے توند کے انداز ہیں
اور فریادو بکا میں سب کے ہم آواز ہیں

توند پر ہے ہاتھ اور فاقوں سے حالت زار رہے
ان کو ایندھن اس جہنم کے لیے درکار ہے

ہو گیا بازار سے آٹے کا ایسا انتقال!
اب کھلے بازار میں آٹے کا ملنا ہے محال!
لہلہاتی کھیتیوں کے دیس میں کیسا یہ کال
کال کی حیرت ہے پاکستان میں گل جائے دال

دستِ قدرت سے چھنا آزار کا ہر اختیار
فقر و فاقہ کا بنا انسان خود پروردگار

اک ذخیرہ باز مولانا نما دوکان دار
قوم کے اس ابتلا رسے کل بہت تھے بیقرار
آہ اس ملت کا کیوں گیہوں پہ ہے دار و مدار
کاش کھاتی باجرا یا کاش کھاتی یہ جوار

اس کے کھانے کے لیے نعمت ہر اک موجود ہے
دانۂ گندم بھلا کیوں گوہرِ مقصود ہے

سچ جو پوچھو تو کہوں شیطان کا راشن ہے یہ
جس نے جنّت لوٹ لی انساں کا وہ دشمن ہے یہ
حضرتِ آدم کی عزّ و شان کا مدفن ہے یہ
الفتِ ابلیس و انساں کا فقط بندھن ہے یہ

حیف ہے انسان کر دے اُس پہ جنّت تک نثار
سب کو گندم سے بچانا اے مرے پروردگار

سینکڑوں من یوں تو گیہوں میرے تہہ خانے میں ہے
اور مزا بھی کیا مجھے آزار پہنچانے میں ہے
میرے حصّے کی وہی مے ہے جو پیمانے میں ہے
ہاں مگر دوزخ جو ہے گیہوں کے ہر دانے میں ہے

جس نے گیہوں کھالیا دوزخ میں گوڑے کھائے گا
جس کو جنّت چاہیے وہ صرف چھولے کھائے گا

○

عائلی قانون

عائلی قانون سے ڈرتا ہوں بیچاروں میں ہوں
اے مری بیوی میں تیرے کفش برداروں میں ہوں
اک گناہ عقد کی پائی سزا — "حبس دوام"
موت ہی بخشے گی جن کو ان گنہگاروں میں ہوں
تجھ سے ڈرتا ہوں کہ تو خود ہی نہ دے گزرے طلاق
تو سراپا ناز ہے، میں ناز برداروں میں ہوں

اور ہر عورت کے حق میں سخت نابینا ہوں میں
اب تو میں کھویا ہوا تیرے ہی نظاروں میں ہوں
اب تو ہر امید کی مرکز ہے اک تیری ہی ذات
تو مرض، تو ہی دوا، میں تیرے بیماروں میں ہوں
گو کہ ہم دونوں ہی آپس میں وبالِ جان ہیں
تجھ کو میرا غم ہے اور میں تیرے غمخواروں میں ہوں
اب تو "یک در گیر و محکم گیر" کا مضمون ہے
ہو کے مجبور و فا تیرے وفاداروں میں ہوں
اب تو جیتے جی تو ہی میرے گلے کا طوق ہے
اے مری زنجیر تیرے ہی گرفتاروں میں ہوں
اے خوشا! مجبوریاں میری، زہے! لاچاریاں
عائلی قانون کے میں خود طرفداروں میں ہوں

○

کمال کی ٹوپی

کیسے ہوگی حلال کی ٹوپی
اور وہ بھی دلال کی ٹوپی

سر پہ ہے دیکھ لو ہمارے بھی
ہاتھ کھڈی کے مال کی ٹوپی

گاہے دیتی ہے کام تھیلی کا
ہے یہ کتنے کمال کی ٹوپی

میں سمجھ بیٹھا جسکو یار کی زلف
وہ تھی ریشم کے بال کی ٹوپی

جاؤں گا اوڑھ کر وصال کی شب
میں رقیبوں کی کھال کی ٹوپی

اس کو ہرگز نہ بول تو کھدر
یہ ہے گاندھی کے کال کی ٹوپی

فٹ نہیں ہوتی ہر کسی سر پر
زاہدانہ خیال کی ٹوپی

لو سوئمبر میں حضرت شوکت
اوڑھ آئے ہیں چھال کی ٹوپی

مردوں کی حمایت

(عورت راج میں ایجی ٹیشن)

جان دینے آئے ہیں ہم سر کٹانے آئے ہیں
ہم کفن باندھے ہوئے ہیں جسم پر سر لائے ہیں

زندگی کا رقص ہوگا گولیوں کی مار میں
چوڑیاں کھنکیں گی اب تلوار کی جھنکار میں

شوکت کے ناول خدانخواستہ میں عورتیں مردوں کی حمایت میں حکومتِ نسواں کے خلاف تحریک چلاتی ہیں۔ یہ جوشیلی نظم تحریک کے حامیوں کا اعلانِ بغاوت ہے۔

ہم حکومت کو بھی اب تھنوں چنے چبوائیں گے
وہ ہمیں روندے گی اور ہم لہلہاتے جائیں گے

موت ہی کو زندگی اپنی بنانا ہے ہمیں
گولیاں سینوں پہ کھا کر مسکرانا ہے ہمیں

عورتوں کے ہاتھ ہی اب عورتوں کی لاج ہے
امتحاں کا وقت سن لو عورتو تم آج ہے

عورتوں کے سر پہ بے ڈھنگا سا ہے مردوں کا تاج
ہم کو مردوں کے لیے لینا پڑے گا "سردراج"

○

نامکمل مسدس شوکت

کسی نے شرف ہم کو شوکت یہ بخشا
کہ لقمان کی طرح ہم سے بھی پوچھا
مرض تیرے نزدیک مہلک ہیں کیا کیا
کہ جس کی دوا حق نے کی ہو نہ پیدا
کہا ہم نے بس یہ حماقت پسندی
حماقت کو سمجھیں اگر عقلمندی[1]

قوالی

قیس و فرہاد نے مرشد تجھے جانا محسن
عشق کی موت بھی کیا موت ہے اللہ اللہ
وہی صحت ہے وہی آپ کا کلاّ ٹھلاّ
وہی ہاکی ہے وہی گیند وہی ہے بلاّ
اور کھانے میں وہی کھاتے ہیں غلاّ ولاّ
کیسے مردہ تجھے سمجھے گا زمانہ محسن[2]

[1] چارسوبیس [2] غزالہ

فاقہ مستی

عاشق ہے تیرے حسن کی دولت سے مالا مال
یہ اور بات ہے کہ ذرا فاقہ مست ہے

آیا ہوں جس جگہ سے وہیں جارہا ہوں میں
دُنیا یہ کچھ نہیں ہے فقط میری جست ہے

تقدیر کا لکھا وہی کچھ بھی نہ پڑھ سکے
گویا کہ جو لکھا ہے بخطِ شکست ہے[1]

کہہ لیجیے

اب نیا رخ ہے، نئی دنیا نئے علم و ادب
ان نئی تاریکیوں کو روشنی کہہ لیجیے

ماورائے عالمِ ہستی ہیں ان کی واردات
شیخ جی کو اصطلاحاً آدمی کہہ لیجیے

دیکھیے کافور ہو جائے گا دورِ حال بھی
اس کو شوکت چار دن کی چاندنی کہہ لیجیے[2]

---

[1] بشکریہ احمد جمال پاشا صاحب [2] نقوش شوکت نمبر ۳۱۵

ایک زبان

کہو آب اور جل کو تم صرف پانی — وہ اردو وہ ہندی یہ ہندوستانی
زباں ایک ہو گی تو دل ایک ہو گا — یہ کوشش تو اچھی ہے لیکن زبانی [1]

بے روزگار شماری

ہونے والا ہے حکم یہ جاری — ایسی فہرست کی ہو تیاری
درج ہوں جس میں سب جو ہیں بیکار — یہ بھی ہے ایک شغل بیکاری [2]

طوفان

تم سے پامال ہو جاؤں یہ آساں نہیں — میں کوئی چین نہیں تم کوئی جاپان نہیں
میں وہ طوفاں ہوں جو کہسار بہا لے جائے — خس و خاشاک سے رک جاؤں وہ طوفاں نہیں [3]

طوفان بیداری

طوفان آتے ہیں گو مٹانے کے لیے — بنیاد زمانہ کو ہلانے کے لیے
لیکن یہ ہے اپنی نوعیت کا طوفان — آیا ہے یہ سوتوں کو جگانے کے لیے [4]

---

[1] تا [4] نقوش شوکت نمبر ۳۰۰ و ۳۰۱

ہڑتال

عجب ان کو لیڈر نے پٹی پڑھائی — کہ بھوکے رہو میرے مزدور بھائی
قسم ہے تمہیں اب جو تم مل میں جاؤ — تم ہڑتالیے ہو دکھاؤ ڈھٹائی
خود اپنی ہی روزی میں بٹا لگا کر — بہادر اگر ہو تو چھوڑو کمائی
مگر اب تو ہر فاقہ کش چیختا ہے — مرے جاتے ہیں لیڈری کی دہائی[1]

وضع داری

ناک بہتی ہے، اشک باری ہے — یہ محبت کی وضعداری ہے
کالا منہ، نیلے ہاتھ، نیلے پیر — اور گدھا آپ کی سواری ہے[2]

پاندانِ محبت

نرالی رہی اپنی شانِ محبت — اٹھا لائے ہم پاندانِ محبت
فغاں آہ نالہ تڑپ یاس حرماں — یہی گویا ہے خاندانِ محبت
محبت کی کھیتی کو اشکوں سے سینچا — رہا مدتوں میں کسانِ محبت
وہ ٹھہرے ہوئے ہیں کرایہ پہ اسمیں — مرا دل ہے گویا مکانِ محبت
زمانے میں عذرا کسی کو نہ پایا — نواب اک ملے قدردانِ محبت[3]

---

[1] نقوش شوکت نمبر۔۔۳۰ [2] دل پھینک ۱۹۔۔۲۰ [3] دل پھینک کے ایک کردار عذرا کی آپ بیتی

کلام بلاغت نظام

(قاضی جی کی زبانی)

اٹھاتے ہیں وہ اس رُخ سے نقاب آہستہ آہستہ
ہوا ہے دل مرا خانہ خراب آہستہ آہستہ
بڑھاتا جا رہا ہوں میں عذاب آہستہ آہستہ
فرشتے لکھ رہے ہیں کچھ حساب آہستہ آہستہ
خدا رکھے جوانی دھیرے دھیرے اسطرح آئی!
انھیں بھی آگیا طرز حجاب آہستہ آہستہ [۱]

○

نگہ جب ادھر سے ادھر ہو گئی　　تو دنیا ہی زیر و زبر ہو گئی
مرا دل تو چپکے سے شیدا ہوا　　تمہیں کس طرح یہ خبر ہو گئی
کہا میں نے ان سے کہ تم ہو حسیں　　لڑائی اسی بات پر ہو گئی [۲]

○

جب کہ بدست شوق ما جام شراب ناب بود [۳]　　رقص کناں تھیں برقہا دور میں آفتاب بود
بہر مرا حقیقتاً بود عذاب مستقل　　جس کے لیے شباب بود اسکے لیے شباب بود

---

۱ تا ۳ قاضی جی حصہ سوم ۔ غالب فارسی میں سوچتے تھے اردو میں کہتے تھے ۔ قاضی جی اردو میں سوچتے تھے فارسی میں کہتے تھے ۔ نتیجہ پیش ناظرین ہے ۔

قلم قتلے

جانِ جاناں۔ خانِ خاناں

عزیز الحسن مجذوب

کیا سے کیا تو نے یہ اے شوق فراواں کر دیا
پہلے جاں پھر جانِ جاں پھر جانِ جاناں کر دیا

شوکت

کیا سے کیا بیرم کو اکبر تو نے ہاں ہاں کر دیا
پہلے خاں پھر خانِ خاں پھر خانِ خاناں کر دیا

لہ نقوش شوکت نمبر ۴۴ء

آرزو

غالب — میری قسمت میں غم گر اتنا تھا
دل بھی یارب کئی دیئے ہوتے

شوکت — گر یہاں تھے مشاعرے اتنے
ہم بھی یارب کئی بنے ہوتے[1]

پری اور پرا

امانت لکھنوی — معمور ہوں شوخی سے شرارت سے بھری ہوں
دھانی مری پوشاک ہے میں سبز پری ہوں

شوکت — معمور ہوں شوخی سے شرارت سے بھرا ہوں
دھانی مری پوشاک ہے میں سبز پرا ہوں[2]

1 2 نقوش بیٹی شوکت نمبر ۱۴۰ — ۴۴۴

تقلید

ارشد تھانوی

ہم ذوقِ نظر تیری تائید نہیں کرتے
اس درجہ بھی کورانہ تقلید نہیں کرتے

شوکت

ہم روزے تو رکھتے ہیں پر عید نہیں کرتے
اس درجہ بھی کورانہ تقلید نہیں کرتے[۱]

تردید

ارشد تھانوی

ہم اہلِ وفا کو تم الزام دیئے جاؤ
ہے پاسِ ادب مانع تردید نہیں کرتے

شوکت

ہم گھاس تو کھاتے ہیں پر لید نہیں کرتے
ہے پاسِ ادب مانع تردید نہیں کرتے

۱؎ و ۲؎ نقوش شوکت نمبر ۴۴۱

چار عناصر

اقبال : قہاری و غفاری و قدوسی و جبروت
یہ چار عناصر ہوں تو بنتا ہے مسلمان

شوکت : پتلون پہ اک کوٹ ہو کالر پہ ہو ٹائی
یہ چار عناصر ہوں تو انسان ہے انگریز[1]

مارشل لاء

اسماعیل میرٹھی : یہ دو دن میں کیا ماجرا ہو گیا
کہ جنگل کا جنگل ہرا ہو گیا

شوکت : یہ دو دن میں کیا ماجرا ہو گیا
جو کھوٹا تھا کل تک کھرا ہو گیا[2]

1، 2 نوٹ: مارشل لاء

نوّے

داغ
قریب ہے یار روزِ محشر چھپے گا کشتوں کا خون کیوں کر
جو چپ رہے گی زبانِ خنجر، لہو پکارے گا آستیں کا

شوکت
اگر یہی اپنی اصلیت ہے تو اس کو کب تک چھپا سکیں گے
جو چپ رہے گی زبانِ قینچی تو دھار چمکے گی استرے کی[1]

فاقہ

غالب
رنج کا خوگر ہوا انساں تو مٹ جاتا ہے رنج
مشکلیں ہم پر پڑیں اتنی کہ آساں ہو گئیں

شوکت
فاقے کا خوگر ہوا انساں تو مٹ جاتی ہے بھوک
اس قدر فاقے پڑے ہم پر کہ لقمہ ہو گئے[2]

---

[1] سائنچ کو آنچ ۱۰۶ [2] بحر تبسم ۲۲۷

تاج محل

غالب سب کہاں کچھ لالہ و گل میں نمایاں ہو گئیں
خاک میں کیا صورتیں ہوں گی جو پنہاں ہو گئیں

شوکت سب کہاں کچھ تاج بن کر پھر نمایاں ہو گئیں
خاک میں کیا صورتیں ہونگی جو پنہاں ہو گئیں[1]

بھابی و نند

؟ علی الصباح چو مردم بکار و بار روند
بلاکشان محبت بکوئے یار روند

شوکت علی الصباح چو مردم بکار و بار روند
نکل کھڑی ہوئی گھر سے ہر ایک بھابی و نند[2]

---

[1] ممتاز محل ایک عورت کی شکل میں دفن ہوئی تھی اور عمارت بن کر نمایاں ہو گئی شوکت تھانوی (بحر تبسم ۲۲ ء)

[2] یہ واقعہ ہے کہ جس وقت مرد اپنے دھندوں پر نکل جاتے ہیں مخدرات برقعہ سنبھالتی ہیں اور چل کھڑی ہوئی ہیں بازاروں کی طرف۔ شوکت تھانوی (مارشل لا)

حسنِ طلب

غالب
بقدرِ شوق نہیں ظرف تنگنائے غزل
کچھ اور چاہیے وسعت مرے بیاں کیلئے

شوکت
بقدرِ جرم نہیں یہ سزائے محرومی
کچھ اور چاہیے چابک مری سزا کے لیے[1]

بہار

غالب
اُگ رہا ہے در و دیوار پہ سبزہ غالب
ہم بیاباں میں ہیں اور گھر میں بہار آئی ہے

شوکت
اُگ رہا ہے ترے رخسار پہ سبزہ غالب
تو ہے سجادے میں ترے رُخ پہ بہار آئی ہے[2]

---

[1] پینے [2] انشاء اللہ

اپنا اپنا شوق

مرزا شوق لکھنوی
آخری پان اک لگاتے جائیں
یاد اپنی انھیں دلاتے جائیں

شوکت
ساتھ تصویر اک کھنچاتے جائیں
یاد اپنی تمہیں دلاتے جائیں[1]

رشوت

؟
تیر پر تیر چلاؤ تمہیں ڈر کس کا ہے
سینہ کس کا ہے مری جان جگر کس کا ہے

شوکت
لوٹ پر لوٹ مچاؤ تمہیں ڈر کس کا ہے
کس کی دولت ہے مری جان یہ زر کس کا ہے[2]

---

[1] مارشل لا [2] مارشل لا

شکر کی قلّت

ذوق
اے ذوق تکلف میں ہے تکلیف سراسر
آرام سے وہ ہیں جو تکلف نہیں کرتے

شوکت
اے ذوق شکر خوری ہے تکلیف سراسر
آرام سے وہ ہیں جو شکر ہی نہیں کھاتے

☆

پُرزے

پہلوٹھی کا شعر

نہ دانہ نہ پانی میں کس سے کہوں
ارے میرے اللہ میں کیا کروں [1]

دُوسرا شعر

تمہارا شربتِ دیدار ہی ان کو شفا دے گا
جو عشق مرضِ مہلک کے ترے بیمار ہو جائیں [2]

---

[1] میں بچپن میں بہت بیمار رہا کرتا تھا اور اسکی وجہ سے سخت پرہیز ہوتا تھا سنا ہے اسی زمانے میں میں نے سب سے پہلا یہ شعر کہا تھا اس وقت میری عمر پانچ سال کی تھی" شوکت تھانوی نقوش شوکت نمبر

[2] "میٹرک فیل ہو جانے کے بعد میں نے شاعر ہونا شروع کر دیا تھا اور والد صاحب سے چھپ کر سگریٹ پیتا اور شعر کہتا۔ اس زمانے کے اشعار میں سے صرف یہ ایک شاہکار یاد ہے مرض کی رَ کو اگر ساکن کے بجائے متحرک کر لیتا تو بھی اس شعر پر کوئی آنچ نہیں آتی ایسا شعر اب باوجود کوشش کے میں نہیں کہہ سکتا" شوکت تھانوی نقوش شوکت نمبر

احساسِ کمتری

ہمیشہ غیر کی عزّت تری محفل میں ہوتی ہے
ترے کوچے میں جا کر ہم ذلیل و خوار ہوتے ہیں[1]

حسنِ بے پروا

ہنستے ہیں تو ہنستے رہیں اللہ کے مارے
خلقے پس دیوانہ و دیوانہ بکارے[2]

تصحیحِ خیال

جگر کی چوٹ اوپر سے کہیں معلوم ہوتی ہے
جگر کی چوٹ اوپر سے نہیں معلوم ہوتی ہے[3]

---

[1] "تمنا تھی تو یہ کہ میرا کلام کسی رسالے میں چھپ جائے آخر رسالہ ترچھی نظر میں ایک غزل چھپ گئی۔ شامت اعمال والد صاحب نے یہ غزل پڑھتے ہی ایسا شور مچایا کہ گویا چور پکڑ لیا اور یہ شعر پڑھ کر والدہ کو بتایا کہ آپ کے صاحبزادے کیا فرماتے ہیں۔ پھر فرمایا کہ "یہ اس کوچے میں جاتے ہی کیوں ہیں؟ کس سے پوچھ کر جاتے ہیں" والدہ بیچاری سہم کر رہ گئیں اور خوف زدہ آواز میں کہا "غلطی سے چلا گیا ہوگا" شوکت تھانوی (نقوش شوکت نمبر ۸)
[2] بکواس [3] کتیا۔

مشورہ

زار کرنا چاہیے بیمار کرنا چاہیے
ہر طرح دل کو ذلیل و خوار کرنا چاہیے

اندر باہر

قومی ترقّیوں کی زمانے میں دھوم ہے
مردانے سے زیادہ زنانے میں دھوم ہے

ایک ہی انجام

ہر عمر کا ایک ہی انجام ہے
پیٹ شوکت کا بھی پھاڑا ہی گیا[۳]

---

[۳] شوکت تھانوی کے مرض موت میں ڈاکٹر نے ان کے پیٹ پر ہاتھ رکھا شوکت نے پوچھا پھاڑ دیجیے گا تو نہیں۔ اگر آپ نے چیرا پھاڑا اور میں خدانخواستہ مر گیا تو میرے شیعہ دوست اس شعر سے کسی نہ کسی طرح میرے مرنے کی تاریخ نکال لیں گے۔ نقوش شوکت نمبر ۵۱۳

نسخہ

غم ہائے روزگار کو آساں بنا دیا
جو غم ملا اسی کو ہنسی میں اڑا دیا[1]

پولس

نامکمل ہے ابھی وردی پولس کی اے حضور
چوڑیوں کا بھی اضافہ اس میں ہونا چاہیے[2]

معصومیت

حامد کا ہر اک جانب ہوّا نظر آتا ہے
معصوم پولس کو اب کیا کیا نظر آتا ہے[3]

---

[1] نقوش شوکت نمبر ۳۹۸ [2] و [3] ایک زمانے میں لکھنؤ میں حامد ڈاکو کا زور تھا پولس بھی اس کے سامنے جاتے کتراتی تھی ایک بار ایک مکان میں حامد ڈاکو کو گھیرا مگر حامد صاف نکل گیا یہ دونوں شعر اسی کی رعایت سے شوکت تھانوی نے کہے تھے۔
نقوش شوکت نمبر ۵۹۳

وہی

ہم آپ کے "وہی" ہیں ہمیں جان جائیے
پہچان پر ہے ناز تو پہچان جائیے[1]

ترقی

ہر انساں فرض انسانی سے غافل ہوتا جاتا ہے
زمانہ آگ دے دینے کے قابل ہوتا جاتا ہے

جاں نثاری

جس میں اس شوخ کی شادی کی خبر نکلی ہے
جی میں آتا ہے اُس اخبار کے صدقے ہو جاؤں[2]

تسلیم

میں سننے کے لیے پیدا ہوا ہوں
وہ جو چاہیں کہیں ان کی زباں ہے[3]

---

[1] کم لوگوں کو یہ معلوم ہوگا کہ وہی وہانوی کا فرضی نام دراصل شوکت تھانوی کی جودت فکر کا نتیجہ ہے
اس سلسلے میں شوکت نے فی البدیہہ یہ شعر بھی کہا تھا نقوش شوکت نمبر ۳-۱۰۵
[2] سانچ کو آنچ ۱۰۱ [3] انشا اللہ ۱۳۵

حسرت

مری نماز جنازہ پڑھی ہے غیروں نے
مرے تھے جن کے لیے وہ رہے وضو کرتے[1]

ہیچ پوچ

ادب ہے ہیچ اگر دست و پا نہیں مضبوط
قلم ہے پوچ اگر تیغ آبدار نہیں[2]

فلسفہ

ہزار حیف کہ اب تک تمہیں نہیں معلوم
حیات خون کا دھارا ہے آبشار نہیں[3]

سالیاں

خدا محفوظ رکھے ہر بلا سے
خصوصاً سالیوں کی اس وبا سے[4]

---

[1] مارشل لا۔ [2][3] چیلنج ۶۴ [4] طوفان تبسم ۱۸۳

یا للعجب

ہنگامہ ہے کیوں برپا نسبت ہی تو ٹھہری ہے
ڈاکا تو نہیں ڈالا چوری تو نہیں کی ہے [1]

بے لگام

آدمیت کا ان میں نام نہیں
جن کی آنکھوں میں بھی لگام نہیں [2]

دعا

ہو تجھ پہ چاہنے والے خدا کی مار تھوڑی سی
تری صورت پہ برسے کاش اب پھٹکار تھوڑی سی [3]

کاش

دُور جا کر دیکھتے نزدیک آ کر دیکھتے
ہم سے ہو سکتا تو ہم ان کو برابر دیکھتے [4]

---

۱ کتیا ۱۹۰ ۔ ۲ خانم خاں ۵۷   ۳،۴ نیلوفر ۳۰۲ و ۳۱۰

کتبہ

جائیے بس جائیے، مٹی میں مٹی مل گئی
پہلے جو مدفن کے باہر تھا وہ اب مدفن میں ہے[1]

بے بسی

موت پر بھی نہیں ہے اب قابو
قبر ہوتی نہیں الاٹ ہمیں[2]

لیلیٰ مجنوں

ناقہ جب بھاگا تو بھاگا نجد سے قبلے کی سمت
دُم کے پیچھے قیس تھا آگے خدا کا نام تھا[3]

---

[1] نیلوفر ۱۹۴ [2] نمک مرچ ۱۵۹ [3] انشاء اللہ ۸۳

سبقت

خدا کی دین کا موسیٰ سے پوچھیے احوال
وہی میں کہنے چلا تھا جو کہہ گئے اقبال[1]

رقیب

ہم نے چاہا تھا کہ حاکم سے کریں گے فریاد
وہ بھی کمبخت ترا چاہنے والا نکلا[2]

ضرب المثل

دانت ہاتھی کے کھانے کے کچھ اور
اور ہوتے ہیں کچھ دکھانے کے[3]

آخری شعر

دن نکلتا ہے تو آتی ہے مجھے رات کی یاد رات آتی ہے تو اک تازہ بلا آتی ہے[4]

---

۱ قاضی جی حصہ سوم ۲ منشی جی ۳ قاضی جی حصہ سوم ۴ کتاب شوکت نمبر

شوشے

خود اعتمادی

ہم جہاں بیٹھ کے پڑھ لیں وہیں کالج بن جائے [1]

ہمسفر سے

تو مشقِ ناز کر سارا اندھیرا میرے ڈبے میں [2]

مصالحت

تم اپنا منہ ادھر کر لو ہم اپنا منہ ادھر کر لیں [3]

قدر دان

قدرِ سگ انگریز داند یا بداند اس کی میم [4]

اشتراکِ ہنر

دونوں نے دھول جھونک دی دیدۂ امتیاز میں [5]

لازمہ

خدا جب پیر کرتا ہے کرامت آ ہی جاتی ہے [6]

---

[1] سانچ کو آنچ [2] بحرِ تبسم [3] بحرِ تبسم [4] بحرِ تبسم [5] سپنے [6] طوفانِ تبسم۔

نئی زبان

یہ گیت ہیں دردیلے یہ راگ رُلانا ہے[1]

کراچی کا جاڑا

تک رہا ہوں دور سے کمبل کو میں کمبل مجھے[2]

رواداری

گیتا لبوں پہ آنکھ میں قرآن آج کل[3]

---

[1] شوکتیات [2] مارشل لا [3] نورتن